TELLING A TALE / CONTEMOS UN CUENTO / CONTEM UN CONTE

Pilar Bellés Pitarch

Col·lecció de contes plurilingües per a E. Infantil 4 i 5 anys adaptats als CENTRES D'INTERÈS de l'Educació Infantil:

Escola, família, casa, Nadal i joguets, el cos i l'hivern, la roba, els aliments, la Pasqua, els animals, l'estiu i les vacances.

Pilar Bellés, llicenciada en filologia anglesa i professora d'anglès en EI i EP ha creat aquests contes per donar resposta a les necessitats que se li han presentar en la seves aules d'Educació Infantil 4 i 5 anys. Ara vol compartir-los amb tots vosaltres amb el desig que la màgia d'aquests contes arribe a tots els xiquets i xiquetes i amb totes les llengües. Així, en EI s'integraran les tres llengües del currículum.
    En cada llengua l'autora inclou una aplicació didàctica del conte. Es pot utilitzar un mateix conte en les tres llengües del currículum però en cada llengua treballarem uns aspectes diferents i així hi haurà transferència entre les llengües.
    A través dels contes desenvoluparem la creativitat i treballarem valors en totes les llengües de currículum. És el que ens demana la societat actual.

Cap part d'aquesta publicació no pot ser reproduïda, emmagatzemada o transmesa de cap manera ni per cap mitjà sense l'autorització prèvia i escrita de l'autora.

ISBN de llibre: 978-84-613-9123-3
ISBN de e-book: 978-1-291-61112-0
Dipòsit legal: CS-0048-2010
Registre de la propietat intel·lectual:09/2009/1262
© Pilar Bellés Pitarch, 2010
1ª edició: març 2010

ÍNDEX:

CONTES ADAPATATS ALS CENTRES D'INTERÈS DE L'EDUCACIÓ INFANTIL

1. Escuela / Escola / School:

Infantil 4:
The Little Sheep is Learning at School.
La ovejita aprende en la escuela.
L'ovelleta aprèn a l'escola.

Infantil 5:
What a Mess! What Can we Do?
¡Menudo desastre! ¿Qué hacemos ahora?
Quin emplastre! Què fem ara?

2. La família y el otoño / La família i la tardor / Family and home:

Infantil 4:
Everybody Collaborates at Home.
En casa todo el mundo colabora.
Tots col·laboren a casa.

Infantil 5:
The Little Elephant Can't Sleep.
El elefantito no puede dormir.
L'elefantet no pot dormir.

3. La Navidad y los juguetes / El Nadal i els joguets / Christmas and toys.

Infantil 4:
Charlie Has Got a New Toy.
El nuevo juguete de Charlie.
Charlie té un joguet nou.

Infantil 5:
The Tiger's Stripes Fall down.
Al tigre se le caen las rayas.
Al tigre li cauen les ratlles.

4. El cuerpo y el invierno / El cos i l'hivern / Body:

Infantil 4:
The Small Maggot Is Dancing.

El baile del gusanito.
El ball del cuquet.

Infantil 5:
Mum, I've Got a High Temperature!
Mamá, ¡tengo la frente hirviendo!
Mamà, tinc el front bullint!

5. Profesiones y carnaval / Oficis i carnestoltes / Clothes.
Infantil 4:
The Dragon Has Got a Cold.
El dragón se ha resfriado.
El dragó s'ha refredat.

Infantil 5:
Clothes, Clothes, too much Clothes!
Ropa, ropa, ¡demasiada ropa!
Roba, roba, massa roba!

6. Alimentos / Aliments / Food.
Infantil 4:
Let's Go to the Restaurant.
Vamos al restaurante.
Anem al restaurant.

Infantil 5:
An Adventure at the Supermarket.
Una aventura al supermercado.
Una aventura al supermercat.

7. La primavera y las plantas / La primavera i les plantes / Easter.
Infantil 4:
Hens Share Easter Eggs.
Las gallinas comparten los huevos de Pascua.
Les gallines comparteixen els ous de Pasqua.

Infantil 5:
The Rabbits Are Playing with the Easter Eggs.
Los conejos juegan con los huevos de Pascua.
Els conills juguen amb els ous de Pasqua.

8. Los animales / Els animals / Animals.
Infantil 4:

A very Naughty Snake.
Una serpiente muy pillina.
Una serp molt pena.
Infantil 5:
A very Naughty Cat.
Un gato muy pícaro.
Un gat molt pillet.

9. El verano y los medios de transporte / L'estiu i els mitjans de transport / Holiday.
Infantil 4:
I Want an Ice Cream!
¡Quiero un helado!
Vull un gelat!

Infantil 5:
Sharks by the Sea!
¡Tiburones a la playa!
Taurons a la platja!

Escuela / Escola / School. Infantil 4:

LITTLE SHEEP IS LEARNING AT SCHOOL

Didactic advice: We need cards with pictures: a sheep, a hores or a dog; a pen, a pencil, a crayon, a rubber, a bag, a chair, a table or a door. When you introduce vocabulary, you show cards. Students repeat the new words. All the class repeats the new words in chorus. Each time the sheep talks, students clap their hands. The teacher asks student for a pen, a pencil, a crayon, a rubber, glue, a bag, a chair, a table, a door.

Once upon a time there was a little sheep that went to school. She didn't talk or know the names of everything. She wanted education and knowledge.
 'Hello!' said the horse and the dog.
 'Baa!' said Little Sheep.
 The horse and the dog became very sad that day.

During the next days the sheep began to learn new words:

'Look, Little Sheep, this is a pencil,' said the teacher.

'This is a pencil,' repeated one student.

'A pencil!' repeated all the class in chorus.

'A pencil!' said the sheep.

Everybody became happy and clapped his / her hands.

'Look, Little Sheep, this is a rubber,' said the teacher.

'This is a rubber,' repeated another student.

'A rubber!' repeated all the class in chorus.

'A rubber' said the sheep.

Everybody smiled and clapped his / her hands.

'Look, Little Sheep, these are papers, a pen, glue, crayons, a bag, a door, a chair...'

So, they repeated the words until Little Sheep could learn them.

One day Little Sheep lost her pencil.

'Can I have a pencil?'

'Yes,' said one student and he gave her a pencil.

'Thank you,' said the sheep.

'You are welcome,' said the teacher.

'Bye- bye,' said the sheep when she went out.

'Bye- bye,' answered the students.

Other days Little Sheep asked for a rubber, a paper or the glue, and she was well-mannered.

LA OVEJITA APRENDE EL NOMBRE DE LAS COSAS

Consejos didácticos: Se puede usar este cuento como primera lengua o como segunda lengua si los niños y niñas tienen dominio oral de la lengua.

Usaremos las imágenes de la oveja, el caballo y el perro junto con todas las cosas de clase mencionadas: bolígrafo, lápiz, ceras, goma, pegamento, mochila, silla, mesa, puerta.

Cuando el alumno conoce oralmente la lengua del cuento no hacen falta tantas repeticiones como en inglés y se puede dejar que los alumnos intervengan el cuento añadiendo nuevas cosas de clase o para pedírselas por favor a sus compañeros.

Había una vez una ovejita que acudió a la escuela. No hablaba ni tampoco sabía el nombre de las cosas. Quería recibir educación y conocimiento.

—¡Hola! —le dijeron el caballo y el perro.
—¡Bee! —contestó la ovejita.
El caballo y el perro se pusieron muy tristes ese día.
En los días siguientes la ovejita empezó a aprender palabras nuevas.
—Mira, Ovejita, esto es un lápiz —decía la maestra.
Los compañeros y compañeras lo repetían, la ovejita lo aprendía, todos se ponían muy contentos y le aplaudían.
—Mira, Ovejita, esto es una goma —decía la maestra.
Lo repetían los compañeros y compañeras, luego lo aprendía la ovejita.
Todos se ponían muy contentos y aplaudían sus progresos.
—Mira, Ovejita, éstas son fichas, un bolígrafo, pegamentos, ceras, una mochila, una puerta, una silla...
Así se lo fueron repitiendo hasta que la ovejita lo pudo aprender.
Un día la ovejita perdió el lápiz.
—¿Puedo coger un lápiz?
—Sí —dijo un compañero y le dio el lápiz.
—Gracias —dijo la ovejita.
—No hay de qué —dijo la maestra.
—Adiós —se despidió la oveja al irse.
—Adiós —contestaron los compañeros y compañeras.

Así la ovejita aprendió a pedir las cosas y a despedirse con educación y fue acogida en un grupo de amigos y amigas.

L'OVELLETA APRÈN A L'ESCOLA

Consells didàctics: L'arribada de nouvinguts i nouvingudes que no parlen la nostra llengua és una situació que ens trobem sovint.

Una manera de convèncer els nostres alumnes que els han de tractar bé i ajudar-los és mitjançant contes. Si el protagonista del conte ho fa, per què no ho he de fer jo?

En aquest conte usarem uns dibuixos d'una ovelleta, un gos i un cavall i els objectes de classe: llapis, goma, colors, ceres, cola, tisores, motxilla, cadira, taula o porta. Deixem que els alumnes diguen noves coses de classe i que les demanen per favor al final.

Hi havia una vegada una ovelleta que va acudir a l'escola.

No sabia parlar la nostra llengua ni el nom de les coses. Volia rebre educació i coneixement.

—Hola! —li digueren el cavall i el gos.
—Bee! —va contestar ella.
El cavall i el gos es posaren molt tristos aquell dia.
En els pròxims dies l'ovelleta va començar a aprendre noves paraules.
—Mira, Ovelleta, açò és un llapis —deia la mestra.
Els companys i companyes ho repetien.
L'ovelleta ho aprenia. Tots es posaven molt contents i contentes i li aplaudien.
—Mira Ovelleta, açò és una goma —deia la mestra.
Ho repetien els companys i companyes, ho aprenia l'ovelleta.
Tots i totes es posaven contents i contentes i aplaudien els seus progressos.
—Mira, Ovelleta, açò són fitxes, un bolígraf, una cola, ceres, una motxilla, una porta, una cadira...
Així li ho van anar repetint fins que l'ovelleta ho va aprendre.
Un dia l'ovelleta va perdre el llapis:
—Puc agarrar un llapis?
—Sí, clar —li va contestar un company i li'n va donar un.
—Gràcies —va dir l'ovelleta.
—No hi ha de què —digué la mestra.
—Adéu —s'acomiadava l'ovelleta en anar-se'n.

—Adéu —contestaven els companys i companys.

Així l'ovelleta va aprendre a demanar les coses i a acomiadar-se amb bones maneres i va ser acollida en un grup d'amics i amigues.

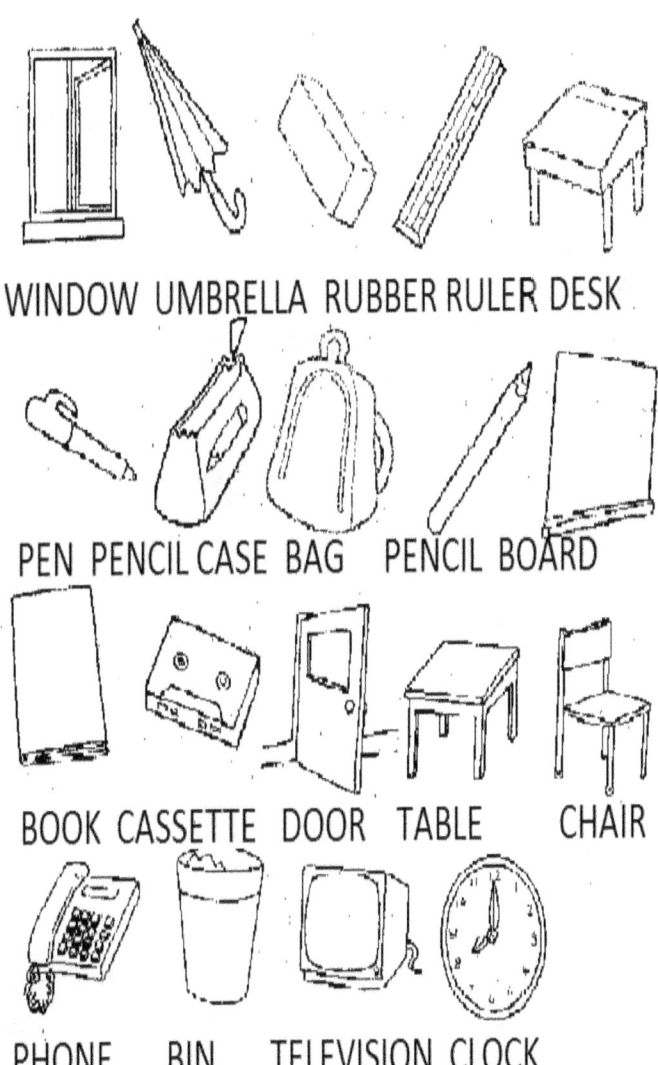

Infantil 5:
WHAT A MESS! WHAT CAN WE DO NOW?

<u>Didactic advice:</u> First you should stick a picture like that above and cards on the board about classroom material (pencils, crayons, glues, scissors, papers, books, puzzles, paints, and plasticine) and also about animals (dog, cat, rabbit, dinosaur). You can point to them during the story and make gestures.

Children at nursery school had got different trays to put pencils, crayons, glues, scissors, papers, books, puzzles, paints and, lately, plasticine.
One day children wanted to paint.
'Can we paint?'

'Yes, you can,' said the teacher, 'but you must be careful. Don't paint on the tables.'

After painting, they cleaned everything.

Another day:

'Can we make plasticine shapes?'

'Yes, you can,' said the teacher, 'but you must be careful.'

Children made lots of plasticine shapes: dogs, cats, rabbits or dinosaurs. They had a nice time.

After making plasticine shapes, they looked down: there were small plasticine pieces stuck everywhere. The teacher got angry.

'What a mess! How awful! What can we do?'

'Plasticine must be punished!' said one student.

'We must clean,' said another student.

'OK,' said the teacher.

All the students cleaned the tables and picked up the small pieces of plasticine stuck on the floor.

Next day, plasticine was punished in its box.

Days later they could make plasticine shapes, but when they made plasticine shapes they must be careful and they mustn't leave small pieces stuck on the floor.

¡MENUDO DESASTRE! ¿QUÉ HACEMOS AHORA?

<u>Consejos didácticos:</u> La plastilina y las pinturas les encantan a los niños. Se lo pasan en grande experimentando. Detrás de su ilusión quedan descuidos de gotas de pintura en la ropa, muebles manchados, pinceles pegados por no limpiarlos bien. No dejemos que nuestra preocupación por el orden y la disciplina les amargue la diversión del momento, aunque, jamás podemos descuidar el orden ni la disciplina. ¿Cómo lo hacemos? Podemos probar con historias como ésta.

En este caso podemos dejar que los niños y niñas intervengan en detalles puntuales pero hemos de tener cuidado que no nos cambien el final ya que destrozarían la historia.

Además del dibujo podemos usar tarjetas pegadas sobre la pizarra de material de clase (lápices, colores, libros, puzzles, pinturas, plastilina, pegamentos, tijeras o fichas) y también de animales (perro, gato, conejo o dinosaurio). Las señalaremos a lo largo de la historia. Los niños pueden intervenir a la hora de enumerar cosas de clase que están en bandejas y para decir animales que les gustaría hacer con plastilina.

En la clase de infantil se guardaban en bandejas independientes sus lápices, colores, cola, tijeras, fichas de trabajo, libros, puzzles, pinturas y, últimamente, plastilina.

Algunos días, la seño dejaba pintar con los pinceles. Siempre les pedía antes que tuvieran mucho cuidado. Luego limpiaban entre todos. De esta manera, todo iba bien.

Los niños se emocionaron cuando vieron la plastilina.

—¿Podremos jugar con la plastilina?

—Sí, podéis —dijo la seño—, pero tened cuidado.

Ese día todos los niños y niñas hicieron mil formas de plastilina: perros, gatos, conejos, dinosaurios... se lo pasaron en grande.

Después de hacer tantas formas de plastilina, miraron al suelo. Había pegotes de plastilina por todas partes. La seño se enfadó.

—¡Menudo desastre! ¿Qué hacemos ahora? —dijo la seño.

—Debemos castigar a la plastilina —dijo un niño.

—Debemos limpiar —dijo una niña.

—Vale —dijo la seño.

Todos los niños y niñas limpiaron las mesas y rascaron los trozos pequeños de plastilina embadurnados al suelo.

Al día siguiente la plastilina estaba castigada sin salir de la caja.

Unos días después pudieron hacer más formas de plastilina pero debían de tener cuidado de no dejar caer pequeños trozos en el suelo.

En aquella clase, los niños y niñas disfrutaron de lo lindo con pinturas y plastilina casi a diario, siempre cumpliendo las normas.

Pasaron momentos inolvidables.

QUIN EMPLASTRE! QUÈ FEM ARA?

<u>Consells didàctics:</u> Afegirem una representació per part dels /les alumnes. Tindrem un dibuix com el de dalt i unes targetes enganxades al tauló o a la pissarra sobre coses de classe (llàpissos, colors, coles, tisores, fitxes, llibres, puzles, pintures i plastilina) i també d'animals (gossos, gats, conills o dinosaures) . Les senyalarem tal i com contem la història. Els xiquets i xiquetes intervenen en la història i diuen primer coses de classe que estan en safates i, després, animals que farien amb plastilina.

A la classe d'infantil es guardava el material en safates independents: llàpissos, colors, coles, tisores, fitxes de treball, llibres, puzles, pintures i, últimament, la plastilina.

Alguns dies, la senyo deixava que pintaren amb els pinzells. Sempre els demanava abans que anaren molt en compte. I després, que ho netejaven entre tots i totes. Així, tot anava bé.

Els xiquets i xiquetes es van emocionar molt quan van veure la plastilina.

—Podrem jugar amb la plastilina?

—Sí —va dir la senyo—, però aneu en compte.

Aquell dia tots els xiquets i xiquetes de la classe d'infantil van fer mil formes amb plastilina: gossos, gats, conills, dinosaures... s'ho van passar d'allò més bé.

Després de fer més de mil formes amb plastilina, van mirar a terra. Hi havia trossets de plastilina empastifats per totes parts. La senyo es va enfadar.

—Quin emplastre! Què fem ara? —va dir la senyo.

—Hauríem de castigar a la plastilina! —va dir un xiquet.

—Hauríem de netejar —va dir una xiqueta.

—D'acord —va dir la senyo.

Tots i totes van netejar les taules i van rascar els trossos xicotets de plastilina empastifats per terra.

A dia següent la plastilina estava castigada sense eixir de la seva caixa.

Uns dies després, van poder fer moltes més formes de plastilina però, quan jugaven amb la plastilina, havien d'anar en compte de no empastifar el piso amb els trossos xicotets.

Des d'aleshores, en la classe d'infantil van gaudir moltíssim amb les pintures i la plastilina.

En feien quasi tots els dies, sempre complint les normes.

Van passar moments inoblidables.

2. La familia y el otoño / La família i la tardor / Family and home.

Infantil 4:

EVERYBODY HELPS AT HOME

Didactic advice: We need cards of a family of bears (Mum, Dad, brother, sister) cards of the house (kitchen, living-room, bathroom, bedroom, and dinning room) and we make gestures for activities (listen to music, watch TV, play with friends or read). We point the cards during the story and students repeat the new words. We make gestures according to the story and students repeat them.

It was hot. The family of bears was taking a nap after lunch. Everybody was silent in order to sleep. (Teacher and students make gestures like they sleep).
"Can they sleep?"
"No, no, no... everybody is awake."
"Can Mum sleep?" (Point to Mum in the pictures).

"No, no, no." Mum was in the kitchen. (You point at Mum in the picture and make gestures of listening to music and a card of the kitchen). She wanted to listen to music but she couldn't because everything must be quiet (make a gesture of silence).

"Can Dad sleep?"

"No, no, no." Dad was in the living-room. He wanted to watch TV, but he couldn't, (point to the cards of watching TV and the living room). Everything must be quiet (make gesture of silence).

"Can the brother and his sister sleep?"

"No, no, no". The brother and his sister were in their bedroom. They wanted to play with their friends (point at a card of the bedroom and make gesture of children playing). But they couldn't. Everything must be quiet (make a gesture of silence).

Suddenly the door bell rang. It was their neighbour. She wanted to leave their children because she must go to the doctor.

They wanted to play.

'Hurray! Can we go to play, Mum?'

'OK. Play in your bedroom. Don't make noise.'

Finally the children could play with their friends in their bedroom (show the card) until they fell asleep.

Mum could listen to music (make gestures) and Dad could watch TV (make gestures).

Everybody was happy because everybody collaborated with the others at home.

EN CASA TODO EL MUNDO COLABORA

<u>Consejos didácticos:</u> Podemos usar tarjetas para señalarlas cuando contamos la historia. La de la familia de osos (mamá, papá, hermano, hermana), de las habitaciones (cocina, baño, dormitorio, comedor, salón) y actividades que se hacen en cada habitación de la casa (escuchar música, ver la tele, jugar con los amigos, leer), pediremos a los niños que nos digan más actividades que se hacen en cada habitación.

Cuando el niño conoce la lengua, no hacen falta tantas repeticiones ni gestos como con lengua extranjera, aunque les resulten divertidos. Podemos aprovechar para pedir la opinión a niño / niña sobre cómo continua o introducir valores a través del cuento. A veces, en casa nos toca aguantar a todos un poco para que los demás sean felices. Hemos de tener paciencia. Alguna vez no podremos hacer lo que queramos. Hay que colaborar para el bien de todos.

Hacía calor. La familia de osos estaba haciendo una siesta después de comer. Todo el mundo estaba en silencio para que el resto de la familia pudiera dormir.
"¿Tú crees que podían dormir?". (Preguntamos a los niños).
"No, todos estaban despiertos" (nos responden).
"¿Qué estaría pensando mamá?".
Mamá estaba en la cocina. Le hubiera gustado escuchar música, pero no podía porque se tenía que guardar silencio.
"¿Qué estaría pensando papá?"
Papá estaba en el salón. Le hubiera gustado ver la tele, pero no podía porque todo estaba en silencio.
"¿Qué estarían pensando los pequeños ositos?"
Los pequeños estaban en su habitación. Les hubiera gustado jugar con sus amigos pero no podían porque todo estaba en silencio.
De repente, sonó el timbre de la puerta. Era la vecina que dejaba los niños porque se tenía que ir al médico.
—¡Bien! ¿Podemos ir a jugar?

—¡Vale! Jugad a vuestra habitación y no hagáis ruido.

Finalmente los pequeños pudieron jugar con sus amigos hasta que cayeron rendidos y se durmieron.

Una vez dormidos, mamá pudo escuchar música y papá pudo ver la televisión.

En casa todos hemos de colaborar para que podamos ser felices.

TOTS COL·LABOREN A CASA

<u>Consells didàctics:</u> Conviure amb altres persones pot ser un estat de perfecta harmonia o un autèntic trauma. Amb contes com aquest podem donar un pas més perquè la paciència i la col·laboració de tots / totes predomine sobre l'egoisme *"jo, jo i només jo"*.

Afegirem una representació teatral. Quan el professor diu la frase d'un personatge, el xiquet o xiqueta que té assignat aquest personatge repeteix la frase.

Feia calor. La família d'óssos estava fent la sesta després de dinar.

Tot el món estava en silenci per tal que la resta de la família poguera dormir.

"Creus tu que podien dormir?"

"No!" Tots estaven desperts pensant.

"Què estaria pensant mamà?"

Mamà estava a la cuina. Estava pensant en escoltar música, però no podia perquè s'havia de guardar silenci.

"Què estaria pensant papà?"

Papà estava al saló. Estava pensant en veure la tele, però no podia perquè s'havia de fer la sesta.

"Què estarien pensant els fillets ossets?"

Els xicotets estaven a l'habitació. Els haguera agradat jugar, saltar i cridar, però no podien perquè havien de guardar silenci.

De sobte va sonar el timbre de la porta. Era la veïna que deixava els xiquets perquè se n'havia d'anar al metge.

—Què bé! Podem anar a jugar?

—Val! Aneu a l'habitació però no feu soroll.

Els xicotets van jugar fins que no van poder més i, finalment, van caure rendits.

Una vegada es van adormir, mamà va poder posar música i, papà va poder veure la tele.

Quan a casa tots col·laborem, tots podem ser feliços.

"Telling a Tale / Contemos un cuento / Contem un conte"

BATHROOM

BEDROOM

KITCHEN

LIVING ROOM

BED

Infantil 5:

THE LITTLE ELEPHANT CAN'T SLEEP

Didactic advice: We need cards of the members of the family (Mum, Dad, brother, sister, Granny and Grandad) and house (bedroom, bathroom, kitchen, dinning-room, living room). You point to the cards and make gestures according to the story.

It was time to take a nap. The little elephant wanted to sleep but he couldn't. He went to Mum and Dad's bedroom.
'Can I stay here?'
'Yes, you can, but you have to sleep.'
They played in bed. Mum and Dad tried to make the little elephant sleep. He wanted to play with Mum and Dad.
Everyday they played until sleep overcame him. But that day they couldn't.
The little elephant went to his sister bedroom.
'Can I stay here?'

'Yes, you can; but you have to sleep.'

The brother and his sister played together, but he couldn't sleep there.

The little elephant went to the bathroom but it was too cold to sleep (point to the bathroom, shake your head and make gestures of cold).

Then he went to the kitchen but it was too small to sleep (point and make gestures).

Then he went to the dinning-room but it was too big to sleep (point and make gestures).

Finally the little elephant went to the living room where Granny and Granddad were on the sofa. They were watching TV.

'Can I watch TV with you?'

'OK,' said Granny.

Ten minutes later the little elephant fell asleep. Finally the little elephant could sleep (make gestures of being asleep).

EL ELEFANTITO NO PUEDE DORMIR

<u>Consejos didácticos</u>: Las repeticiones son útiles aunque se pueden usar con moderación, sirven para

introducir vocabulario y hacer que los niños y niñas sigan fácilmente la historia. Cuanto más conocen la lengua se hacen menos gestos y se usan más palabras. Se pueden usar imágenes y gestos. Los niños y niñas nos dirán habitaciones que se pueden encontrar en una casa.

Era la hora de dormir. El elefantito quería dormir pero no podía.
    Fue a la habitación de papá y mamá.
    —¿Puedo quedarme aquí?
    —Sí, puedes; pero debes dormir.
    Se puso a jugar en la cama de sus padres. Papá y mamá trataron de dormirlo.
    Cada día jugaban hasta que el sueño se apoderaba de él. Pero ese día el elefantito no podía dormir.
    El elefantito se fue a la habitación de su hermana.
    —¿Puedo quedarme aquí?
    —Sí, puedes; pero debes dormir.
    El elefantito jugó un rato allí pero tampoco pudo dormir.
    Fue al baño pero hacía demasiado frío para dormir (señalamos el baño, hacemos gesto de frío y decimos que no con la cabeza).
    Fue a la cocina pero era demasiado pequeña para dormir (señalamos y gesticulamos).

Entonces fue al comedor pero era demasiado grande para dormir (señalamos y gesticulamos).

Finalmente el elefantito fue al salón donde los abuelos estaban mirando la televisión.

—¿Puedo ver la televisión con vosotros?

—Vale.

Diez minutos después el elefantito se había quedado dormido. Por fin el pequeño elefante se pudo dormir.

"¡Que descanses elefantito!"

L'ELEFANTET NO POT DORMIR

Consells didàctics: Afegirem una representació teatral. Quan el professor diu la frase d'un personatge, el xiquet o xiqueta que té assignat aquest personatge repeteix la frase.

Era l'hora de dormir. L'elefantet volia dormir però no podia.

Va anar a l'habitació de son pare i sa mare.

—Puc quedar-me ací?

—Sí, però has de dormir.

Es va posar a jugar en el llit dels seus pares. Ells van tractar d'adormir-lo.

Cada dia jugaven fins que la son s'apoderava d'ell. Però aqueix dia l'elefantet no podia dormir.

L'elefantet va anar a l'habitació de la seva germana.

—Puc quedar-me ací?

—Sí, però has de dormir.

Va jugar un poc allí però tampoc podia dormir.

Va anar al bany però feia massa fred per poder dormir (s'assenyala el bany, es fa gest de fred i es diu que no amb el cap).

Va anar a la cuina però era massa xicoteta per dormir (gesticular com abans).

Va anar al menjador però era massa gran per dormir (gesticular).

Finalment l'elefantet va anar al saló on el iaio i la iaia estaven mirant la televisió.

—Puc mirar la tele amb vosaltres?

—Sí, val.

Deu minuts després l'elefantet ja estava dormit. Per fi l'elefantet va poder adormir-se.

"Descansa bé, elefantet!"

3. La Navidad y los juguetes / El Nadal i els joguets / Christmas and toys.

Infantil 4:

CHARLIE HAS GOT A NEW TOY

Didactic advice: We need cards of toys (car, ball, drum, kite, balloon, train, boat, and teddy bear), and a picture of two boys playing together. You can point them during the story. Students repeat the new words.

Once upon a time there was a small boy called Charlie. He was very proud of his toys.

He had got lots of cars and a car parking, a ball, a drum, a kite, a balloon, a traint and a boat, but his favourite toy was his teddy bear (you point to the toys and students repeat their names too).

The day after Christmas holiday, the teacher asked students to bring a toy to school to share with their partners.

Charlie took his teddy bear, but when he arrived at school:

'Can I have your teddy bear?' asked one partner. 'Then you can have my toy.'

'No, no, no! It's mine.'

'Please!'

'No, no, no! Go away!'

Charlie was having a nice time with his new toy but the other student became sad.

Some time later Charlie began to get bored with his toy and he wanted to change it.

'No, no, no' said the other children.

'Please!'

'No, no, no! Go away.'

Charlie became very sad. It had been his fault.

Charlie looked for the boy who wanted to share his toy with him to ask him for forgiveness.

'I'm sorry,' said Charlie.

'It's OK,' said the other boy.

'Can we play together?'

'OK.'

'Thank you.'

'You are welcome.'

They became friends and shared out their toys with other students. It was amusing!

EL NUEVO JUGUETE DE CHARLIE

Consejos didácticos: Cuando decimos el nombre de los juguetes podemos dejar intervenir a los niños para que digan el nombre de otros juguetes que conocen. Cuando Charlie decide escoger su osito como su juguete favorito, podemos preguntar a nuestros pequeños cuál es su juguete favorito. Hemos de dejar que se identifiquen con la historia.

Había una vez un niño llamado Charlie. Él estaba muy orgulloso de todos sus juguetes.

Tenía muchos coches en un parking, un balón, un tambor, una cometa, un globo, un tren y un barco (Dejamos que los niños digan otros) pero su juguete favorito era su osito de peluche.

A la vuelta de las vacaciones de Navidad el profesor pidió a los niños y niñas que trajeran un juguete para compartirlo con sus compañeros y compañeras.

"¿Qué juguete hubieras escogido tú?" (Intervienen los niños /las niñas por turno).

El pequeño Charlie se trajo su osito. Al llegar a clase:

—¿Me puedes dejar el osito? — le preguntó un compañero—, yo te dejaré mi juguete.

—¡No, no, no! Es mío.

—¡Por favor!

—¡No, no, no! ¡Vete!

Charlie se lo estaba pasando en grande con su juguete nuevo pero el otro niño se puso muy triste.

Pasó el tiempo y Charlie comenzó a aburrirse de su juguete y quiso cambiárselo a otros niños.

—No, no, no —le dijeron.

—¡Por favor!

—No, no, no! ¡Vete!

Charlie se puso muy triste. Todo había sido culpa suya.

Buscó al niño de antes que le había pedido compartir su juguete y le pidió perdón.

—Lo siento —le dijo Charlie.

—No pasa nada —contestó el otro.

—¿Podemos jugar?

—Vale.

—Gracias.

—De nada.

Los dos niños se hicieron amigos y compartieron sus juguetes con otros niños. ¡Resultó ser divertido!

CHARLIE TÉ UN JOGUET NOU

Consells didàctics: Afegirem una representació teatral. Quan el professor diu la frase d'un personatge, el xiquet o xiqueta que té assignat aquest personatge repeteix la frase.

Hi havia una vegada un xiquet anomenat Charlie. Ell estava molt orgullós dels seus joguets.

Tenia molts cotxes en un pàrquing, un baló, un tambor, una cometa, un globus, un tren i un vaixell (els xiquets i xiquetes diuen més joguets) però el seu joguet favorit era un ós de peluix.

A la tornada de vacances de Nadal el professor els va demanar que portaren un joguet per tal de compartir-lo amb els companys i companyes.

"Quin joguet hauries triat tu?" (deixarem que els alumnes contesten per torns de paraula).

El xicotet Charlie es va portar el seu osset de peluix. En arribar a classe...

—Em pots deixar el teu ós? —li va preguntar un company—, jo et deixaré el meu joguet.

—No, no, no! És meu.

—Per favor!

—No, no, no! Ves-te'n.

Charlie s'ho estava passant d'allò més bé amb el seu nou joguet però l'altre es va posar molt trist.

Va passar el temps i Charlie va començar a avorrir-se del seu joguet, va voler canviar-lo a uns xiquets:

—No, no, no! —li van dir.

—Per favor!

—No, no, no! Ves-te'n.

Charlie es va posar molt trist. Tot havia sigut culpa seva.

Va buscar el xiquet d'abans que havia volgut compartir el seu joguet i li va demanar perdó:

—Perdó —li va dir Charlie.

—No passa res —li va contestar l'altre.

—Podem anar a jugar?

—Val.

—Gràcies.

—De res.

Tots dos es van fer amics i van compartir els seus joguets amb altres xiquets i xiquetes. Va ser divertit!

"Telling a Tale / Contemos un cuento / Contem un conte"

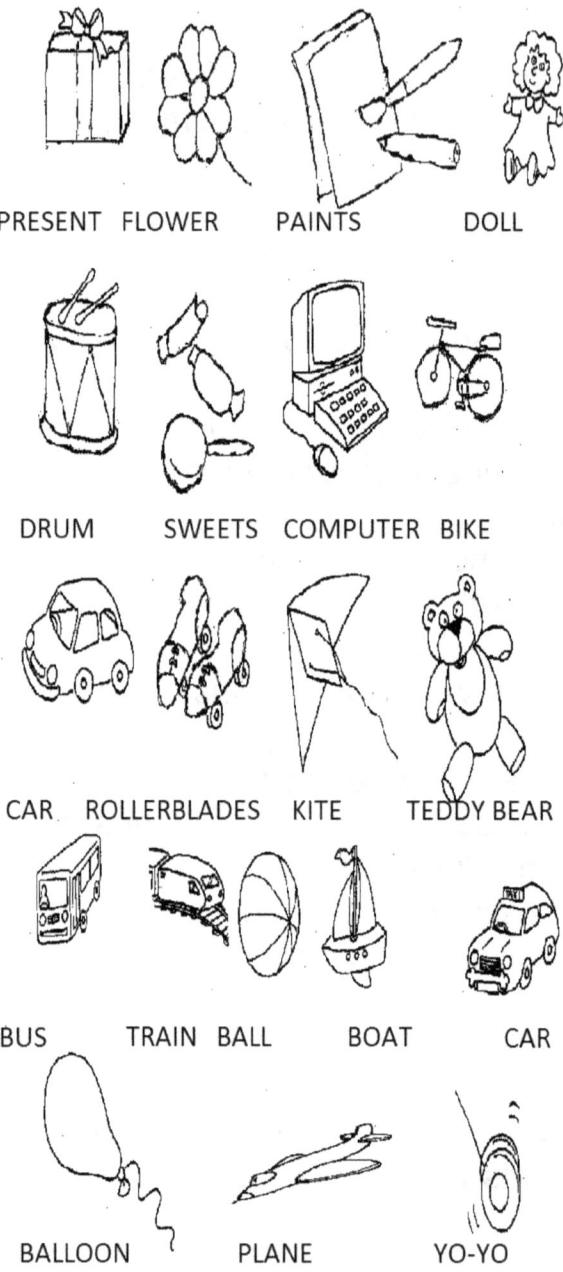

PRESENT FLOWER   PAINTS   DOLL

DRUM   SWEETS   COMPUTER   BIKE

CAR   ROLLERBLADES   KITE   TEDDY BEAR

BUS   TRAIN   BALL   BOAT   CAR

BALLOON   PLANE   YO-YO

Infantil 5:

THE TIGER'S STRIPES FALL DOWN

<u>Didactic advice:</u> We need a toy box with all kind of toys or cards of the toys (car, ball, drum, kite, balloon, train, boat, and teddy bear). Then we need a tiger, a monkey in a tree and streamers stuck on the tiger. You can put a picture of the tiger and take the streamers off one by one (or rubber them). This tale can be used for Christmas, New Year, or a birthday.

Once upon a time there was a big tiger (make gestures) that had lots of toys (look in your box or show the cards): a car, a ball, a drum, a kite, a balloon, a train, a boat, and a teddy bear.

He was walking happily across the jungle and he heard a terrible noise.

"Bang!"(Each time they listen to that noise the teacher takes off a stripe from the tiger and students clap their hands).

'What's that on the floor? Is it my stripe? It's OK. Let's go!'

One minute later:

"Bang!"

'Another stripe out! I've got lots of stripes. Let's go!'

One minute later (You can repeat that as many times as students you have):

"Bang!"

(When all the students have taken part in the story it finishes).

'That's enough!' said he.

'Look up, in the tree!' said someone.

(Students look up. The teacher shows the flash card of a monkey).

A monkey was throwing streamers and saying these words:

'Merry Christmas and Happy New Year!' (Teacher and students make the same gesture like they throw streamers).

'Merry Christmas and Happy New Year!' repeated the tiger and he smiled.

(Each student repeats Merry Christmas and Happy New Year).

AL TIGRE SE LE CAEN LAS RAYAS

<u>Consejos didácticos:</u> Hemos de tener en cuenta que los niños y niñas han de hablar. Al principio han de decir más nombres de juguetes. Al final han de adivinar el final del cuento. Les preguntamos "¿de verdad se le caían las rayas al tigre?", "¿qué creéis que era?". Podemos inventar también una conclusión.

Había una vez un tigre muy grande (hacer gesto de grande) que tenía muchos juguetes: un coche, un balón, un tambor, una cometa, un globo, un tren, un barco y un osito de peluche (Los niños dicen nombres de juguetes).
 El tigre estaba caminando felizmente por la selva cuando oyó un terrible ruido:
 "¡Pam!" (los niños hacen palmada cada vez que sale ¡pam!, el profesor quita una serpentina del lomo del tigre y la tira al suelo).

—Algo se ha caído al suelo. ¿Será una de mis rayas? No importa, tengo muchas.

Un minuto después se volvió a oír el ruido:

"¡Pam!", (palmada y serpentina fuera).

Tantas rayas vio caer el tigre al suelo que se hartó.

—¡Ya basta! —dijo el tigre enfadado.

—Mira hacia arriba, en el árbol —le dijo una voz burlona.

El tigre miró hacia arriba al árbol (hacemos gesto de mirar) y vio a un mono lanzándole serpentinas y diciéndole esto:

—Feliz Navidad y Próspero Año Nuevo.

El tigre sonrió y lo repitió.

—Feliz Navidad y Próspero Año Nuevo.

Resulta que nuestro amigo el tigre se había despistado un poco.

AL TIGRE LI CAUEN LES RATLLES

Consells didàctics: Quan més coneguda siga una llengua per als / les alumnes més farem parlar i participar en el conte als / les alumnes. Afegirem una representació teatral. Quan el professor diu la frase d'un personatge, el xiquet o xiqueta que té assignat aquest personatge repeteix la frase.

Hi havia una vegada un enorme tigre (fem gestos de gran) que tenia molts joguets: un cotxe, un baló, un tambor, una cometa, un globus, un tren, un vaixell i un ós de peluix (els xiquets i xiquetes diuen més noms de joguets).

El tigre caminava feliçment per la selva quan es va escoltar un soroll molt fort:

"Pam!" (els xiquets /xiquetes fan una palmada forta i el professor li arranca una serpentina del llom del tigre i la tira a terra).

—Alguna cosa s'ha caigut a terra! Serà una de les meves ratlles? No passa res, en tinc moltes. Seguim!

Un minut després es va tornar a escoltar el soroll:

"Pam!" (palmada i serpentina fora).

Tantes ratlles fa veure caure que el tigre va voler posar-li fi.

—Ja val! —va dir enfadat.

—Mira cap a dalt, a l'arbre! —li va dir una veu de burleta.

El tigre va mirar (fem el gest de mirar cap a dalt i ensenyem el dibuix) i va veure un mico que estava tirant serpentines i cridant-li açò:

—Bon Nadal i feliç any nou.

El tigre li va somriure i ho va repetir.
—Bon Nadal i feliç any nou.
Resulta que el nostre amic el tigre s'havia despistat un poc.

4. El cuerpo y el invierno / El cos i l'hivern / Body.

Infantil 4 :

THE SMALL MAGGOT IS DANCING

Didactic advice: We need cards of parts of the body (head, eyes, nose, ears, mouth, hands, arms, legs, and feet). Students do activities: wink your eye, whistle with your mouth, shake your head, nod your head, move your arms, move your legs, and move your body.

It was eleven o'clock at night. All the maggots were sleeping in their beds but the small maggot was dancing and dancing in front of the light. (Teacher and students do the movement).
"One, two,
Wink your eye,
Whistle with your mouth.
Three, four,
Shake your head,
Nod your head.

Five, six,
Move your arms,
Move your legs.
Seven, eight,
Move your body,
And start again."

'That's all for today!' said Mum.

'Just a moment, please, Mum.'

He danced and danced (students stand up and do what the teacher says. We repeat the movements).

"One, two,
Wink your eye,
Whistle with your mouth.
Three, four,
Shake your head,
Nod your head.
Five, six,
Move your arms,
Move your legs.
Seven, eight,
Move your body,
And start again."

'Let's go,' said Mum.

'One moment, please.' (We repeat the movements).

Finally he went to bed.

'Why were you dancing?' asked Mum.

'Because the little boy of the house couldn't sleep and he needed my dance to fall asleep'

'OK,' said Mum, 'I'm proud of you.'
'Good night.'

EL BAILE DEL GUSANITO

Consejos didácticos: Podemos usar dibujos y tarjetas y también hacer la coreografía de movimientos. Al final podemos añadirle un valor moral sobre la importancia de portarse bien y que los padres y madres estén orgullosos de sus hijos.

Eran las once de la noche. Todos los gusanos estaban ya acostados salvo el pequeño gusanito que no paraba de bailar junto a la luz:
"Uno, dos,
Guiña un ojo,
Silba.
Tres, cuatro,
Di que no,
Di que sí.
Cinco, seis,
Mueve los brazos,
Mueve las piernas.
Siete, ocho,

Mueve el cuerpo,
Y empieza de nuevo".
　—Por hoy ya está bien —dijo la mamá.
　—Un momento más, por favor, mamá.
　El gusanito no paraba de bailar junto a la luz:
"Uno, dos,
Guiña un ojo,
Silba.
Tres, cuatro,
Di que no,
Di que sí.
Cinco, seis,
Mueve los brazos,
Mueve las piernas.
Siete, ocho,
Mueve el cuerpo,
Y empieza de nuevo".
　— ¡Vamos!
　—Un momento más por favor (Repetimos los movimientos).
　Al final el gusanito se fue a la cama.
　—¿Por qué no parabas de bailar antes? —le preguntó la mamá.
　—Porque el niño de la casa no podía dormir y necesitaba mi baile para dormirse.
　—Estoy muy orgullosa de ti. Buenas noches.
　—Buenas noches.

EL BALL DEL CUQUET

Consells didàctics: Afegirem una representació teatral. Quan el professor diu la frase d'un personatge, el xiquet o xiqueta que té assignat aquest personatge repeteix la frase. Els xiquets i xiquetes estaran plantats i plantades i faran els moviments que diu el conte.

Eren les onze de la nit i tots els cuquets estaven a gitats al llit. Tots menys el xicotet cuquet que ballava, ballava i no parava de ballar al costat de la llum.

"Un, dos,
Guinya un ull,
Xiula.
Tres, Quatre,
Digues que no,
Digues que sí.
Cinc, sis,
Mou els braços,
Mou les cames.
Set, vuit,
Mou tot el cos,

I comença de nou".

—Per avui ja està bé! —va dir la mamà.

—Un moment més, per favor —va demanar el cuquet.

El cuquet no parava de ballar davant de la llum.

"Un, dos,
Guinya un ull,
Xiula.
Tres, quatre,
Digues que no,
Digues que sí.
Cinc, sis,
Mou els braços,
Mou les cames.
Set, vuit,
Mou tot el cos,
I comença de nou".

—Anem, vinga!

—Un momentet més, per favor.

Al final el cuquet se'n va anar al llit.

—Per què no paraves de ballar? —va preguntar la mamà.

—Perquè el xiquet de la casa no podia dormir encara i necessitava el meu ball per adormir-se.

—N'estic molt orgullosa de tu. Bona nit.

—Bona nit!

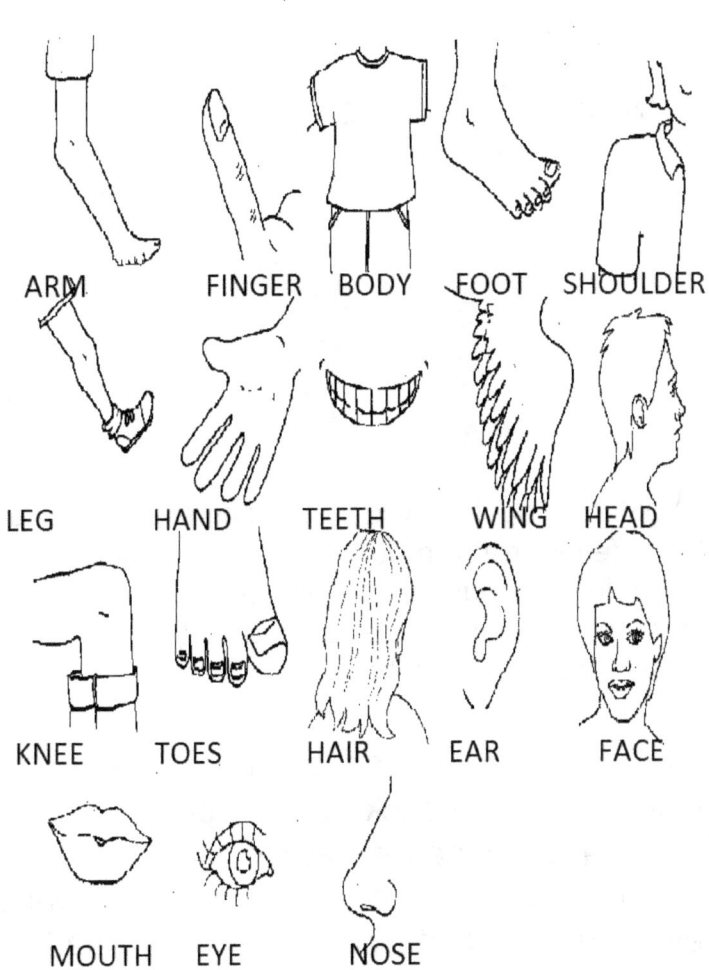

Infantil 5:

MUM, I'VE GOT A HIGHT TEMPERATURE!

 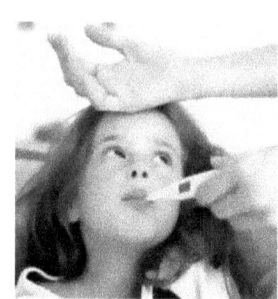

Didactic advice: We need cards of parts of the body (eyes, ears, mouth, nose, head, body, tummy, arms, legs, hands, feet) stuck on the board and point to them. We make gestures (put the thermometer, close your eyes, and have a shower).

The small Maria had got a high temperature when she came back from school.
 'What's the matter?' asked Mum.
 'I'm awful! I'm hot! It's foggy. I can't see, my eyes hurt, my tummy hurts, and my head hurts.' (You point the cards stuck on the board and students point at the parts of their body), 'my mouth hurts, my nose hurts, my hand hurts, my legs hurt...'
 'Sit down,' said Mum, 'let's put the thermometer in your mouth' (make gestures).

'You must have this medicine,' (make gestures).

Maria and her mother played the game of walking in a foggy day. Maria closed her eyes and Mum guided her to the shower.

'Close your eyes (students do the same). It's hot! Let's go to the rain. It's raining!' (teacher and students make gestures like having a shower).

After having a shower and some medicine Maria got better.

'Let's put the thermometer in your mouth' (make gestures).

'You are not hot! You are healthy! And I'm happy to see you like that!'

This was the end of the story.

MAMÁ, ¡TENGO LA FRENTE HIRVIENDO!

 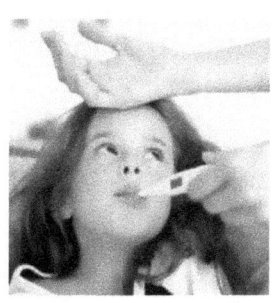

Consejos didácticos: Usaremos el dibujo de la niña y tarjetas sobre el cuerpo. Los niños intervendrán para decir partes del cuerpo que le duelen a Maria. Al final procuraremos que los niños nos cuenten su propia historia.

La pequeña María tenía una fiebre muy alta cuando regresó de la escuela.
—¿Qué te pasa? —le preguntó la mamá.
—Mamá, estoy horrible —dijo María—, tengo mucho calor, hay niebla, no puedo ver bien y me duelen los ojos, la tripa, la cabeza y también la nariz, las manos y las piernas. (Intervención de los niños, cada uno o una dice una parte del cuerpo).
—Siéntate. Pongamos el termómetro (gesticulamos).
—Debes tomar esta medicina.
María y su mamá jugaban a caminar entre la niebla, María con los ojos cerrados y guiada por su mamá tenía que encontrar la lluvia (la ducha).
—Cierra los ojos! Hace calor! Vamos a buscar la lluvia, ¿lo notas? Está lloviendo (hacer gestos).
Después de tomar medicinas y unas cuantas duchas María comenzó a encontrarse mejor.
—¡Ya no tienes calentura! Ya estás bien —dijo mamá—, y estoy muy feliz de verte así.
Y así acabó felizmente nuestra historia.

MAMÀ, TINC EL FRONT BULLINT!

 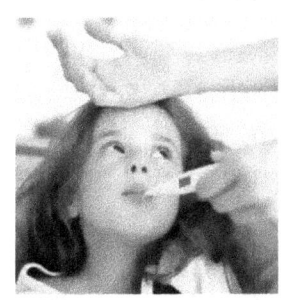

Consells didàctics: Afegirem una representació teatral. Quan el professor diu la frase d'un personatge, el xiquet o xiqueta que té assignat aquest personatge repeteix la frase.

La xicoteta Maria tenia la temperatura molt alta quan va tornar de l'escola.
—Què et passa? —li va preguntar la mamà.
—Estic horrible —va dir Maria—. Tinc molta calor, hi ha boira i no puc veure bé. Em fan mal els ulls, la panxa, el cap, i també la boca, el nas, les mans i les cames (cada xiquet diu una part del cos, el /la professor /a senyala les targetes).
—Seu. Anem a posar el termòmetre (fem gestos).
—T'has de prendre esta medicina.
Maria i mamà jugaven a caminar entre la boira. Maria amb els ulls tancats i guiada per sa mare havia de trobar la pluja (la dutxa).

—Tanca els ulls —deia la mamà—, fa calor, anem a buscar la pluja. ¡Està plovent! (Fem gestos).

Després de prendre's les medicines i unes quantes dutxes Maria va començar a trobar-se millor. Sa mare li va posar el termòmetre.

Ja no tens febre. Ja estàs bé!—va dir la mamà—, i jo estic molt feliç de veure't així.

I així va acabar feliçment aquesta història.

5. Profesiones y carnaval / Oficis i carnestoltes / Clothes.

Infantil 4:

THE DRAGON HAS GOT A COLD

Didactic advice: We need cards of clothes (jacket, scarf, hat, socks, sweater, and trousers) to point to them when you tell the story. Students repeat the new words and make the gestures of the story.

Once upon a time there was a dragon. He slept upside-down.
When he slept he moved his tail and he removed his sheet.
Next day:
'Atishoo!'
He has got a cold. Mum took him to the doctor that injected him with a medicine.
'You must wear a heavy jacket' said Mum.

But, at night, he removed his sheet with his tail and the next day, another injection (make gestures).

'Atishoo!'

'You must wear your cap.'

But at night he removed his sheet with his tail and next day, another injection (make gestures).

'Atishoo!'

'You must wear your heavy socks and your heavy shoes.'

Next day:

'Atishoo!'

'You must wear a heavy sweater.'

Next day:

'Atishoo!'

'You must wear heavy trousers.'

One day his tail hurt because of injections and he decided to sleep on his side. His tail didn't move at night.

Next day he wasn't sick.

'Dragons can't sleep upside-down', said the boy.

'But it's important to sleep well at night. Good night,' said Mum.

'Good night,' said the boy.

He fell asleep.

EL DRAGÓN SE HA RESFRIADO

Consejos didàcticos: Se pueden usar dibujos y tarjetas. Los niños añadirán más palabras de vocabulario sobre prendas de vestir. También se comentará sobre el modo de abrigarse y de taparse por la noche para no resfriarse.

Había una vez un dragón que dormía boca abajo.

Cuando dormía, movía su cola y apartaba las sábanas. Al día siguiente se había resfriado.

—¡Achís!

Mamá lo llevó al doctor y le puso una inyección.

—Deberías ponerte una chaqueta gruesa —dijo la mamá.

Pero de noche como dormía boca abajo, movía la sábana con la cola y, al día siguiente:

—¡Achís!

Otra inyección.

—Deberías ponerte una bufanda.

Pero por la noche, movía su cola y apartaba la sabana:

—¡Achís!

Otra inyección.

—Deberías ponerte un gorro —dijo mamá.

Pero por la noche...

—¡Achís!

La mamá le enseñó al dragón a ponerse el jersey, los pantalones, los calcetines gruesos y los zapatos para el frío.

Un día al dragón le dolía la cola de tantas inyecciones y decidió dormir de lado. Así, por la noche, ya no volvió a mover la cola y no se destapó más.

Días después ya no estaba enfermo. Se había recuperado.

—Mamá, los dragones no pueden dormir boca abajo —dijo el niño.

—Pero tú sí. Buenas noches.

En un momento el niño se quedó dormido.

EL DRAGÓ S'HA REFREDAT

Consells didàctics: Afegirem una representació teatral. Quan el professor diu la frase d'un personatge, el xiquet o xiqueta que té assignat aquest personatge repeteix la frase.

Hi havia una vegada un dragó que dormia panxa avall.

Mentre dormia, movia la cua i apartava els llençols. Al dia següent, el dragó s'havia constipat.

—Atxim!

Mamà el va portar al metge i li va posar una injecció.

—Hauries de posar-te una jaqueta grossa
—va dir mamà.

Però de nit com dormia panxa cap avall, movia el llençol amb la cua.

—Atxim!

—Hauries de posar-te la bufanda.

Però per la nit, apartava el llençol.

—Atxim!

—Hauries de posar-te una gorra.

Però per la nit...

—Atxim!

La mamà li va ensenyar al dragó a posar-se jerseis, pantalons, calcetins grossos i sabates per al fred.

Un dia al dragó li feia mal la cua de tantes injeccions i va decidir dormir de costat. Així, per la nit ja no va tornar a moure la cua ni a destapar-se.

Uns dies després ja no estava malalt. S'havia recuperat.

—Mamà, els dragons no poden dormir panxa avall —va dir el xiquet.

—Però els xiquets sí —va dir la mamà—, així que a tapar-te bé i a dormir.

El xiquet es va quedar adormit en un moment.

SANDALS   HAT   SHIRT   SHOES   SHORTS

SCARF   SWEATER   SKIRT   SOCKS

DRESS   T-SHIRT   TROUSERS

Infantil 5:

CLOTHES, CLOTHES, TOO MUCH CLOTHES!

<u>Didactic advice:</u> You need cards of clothes (jacket, trousers, shoes, skirt, and shirt). You point to them during the story and students repeat their names.

Children went shopping with Mum because in January there were big sales.

Mum said that everything was cheaper than before. She wanted to buy everything.

First Mum asked her son.

'Do you want a jacket?' said Mum.

'No, I don't. I've got lots of jackets,' said the son.

'What about these shoes?'

'I don't like this colour.'

Mum tried to buy everything but her son didn't want it. But her daughter liked shopping and clothes.

'Do you want a skirt?' said Mum.
'Yes, I do,' said she. 'Can I choose it?'
'It all depends.'
'Do you like this shirt?'
'Yes, I do. Can I try it?'
'OK.'
'And I want a new pyjama, Mum.'
They bought clothes, too much clothes.
'Let's pay…'
Then Mum saw the ticket:
'It's awful! What did you buy? It's too expensive! We exceeded our límits! Next day we'll stay at home.'

ROPA, ROPA, ¡DEMASIADA ROPA!

Consejos didácticos: Servirán las tarjetas de ropa. Ellos ampliarán el vocabulario. Podemos acabar con una reflexión sobre las compras necesarias y las innecesarias.

Los niños se fueron de compras con la mamá en las grandes rebajas de enero.

Mamá decía que todo estaba mucho más barato que antes. Se empeñaba en comprarlo todo.

Primero intentó comprarle ropa al niño:

—¿Quieres una chaqueta?

—No, mamá —dijo el niño—, tengo muchas chaquetas.

—¿Quieres unos pantalones?

—No.

—¿Qué tal unos zapatos?

—No me gusta el color.

Mamá lo quería todo pero el niño no necesitaba nada. A la niña, sin embargo, le encantaba la ropa e ir de compras.

—¿Quieres una falda? —dijo mamá.

—Sí, por favor —dijo la niña—, ¿puedo elegir una?

—Depende.

—¿Te gusta esta camisa?

—Sí, ¿puedo comprármela?

—Vale.

—Quiero un pijama nuevo —dijo la niña.

Compraron ropa, demasiado ropa.

—Paguemos —dijo la mamá al final.

Cuando mamá vio la factura:

—¿Cómo? ¿Qué habéis comprado? ¡Es demasiado caro! ¡Nos hemos pasado! ¡Mejor otro día nos quedamos en casa!

ROBA, ROBA, ¡MASSA ROBA!

Consells didàctics: Afegirem una representació teatral. Quan el professor diu la frase d'un personatge, el xiquet o xiqueta que té assignat aquest personatge repeteix la frase.

Els xiquets se'n van anar de compres amb la mamà a les grans rebaixes de gener.
　Mamà deia que tot estava molt més barat que abans. S'entossudia en comprar-ho tot.
　Primer va intentar comprar-li roba al xiquet.
　—Vols una jaqueta?
　—No, mamà —va dir el xiquet—, tinc moltes jaquetes.

—Vols uns pantalons?
—No.
—Què tal unes sabates?
—No m'agrada el color.

Mamà ho volia tot però el xiquet no tenia falta de res. A la xiqueta, no obstant, li encantava la roba i anar de compres.

—Vols una falda? —va preguntar mamà.
—Sí, per favor —va dir la xiqueta—. En puc triar una?
—Ja veurem.
—T'agrada eixa camisa?
—Sí. Puc provar-me-la?
—Val.
—Vull un pijama nou —va dir la xiqueta.

Van comprar roba, massa roba!
—Anem a pagar!

Quan la mamà va veure la factura:
—Com? Què heu comprat? És massa car! Ens hem passat! El pròxim dia millor ens quedarem a casa!

6. Alimentos / Aliments / Food.

Infantil 4:

LET'S GO TO THE RESTAURANT

Didactic advice: We need cards of food to point during the story. Students repeat the names of food and they choose the food they want to eat (meat, cheese, eggs, sandwich, spaghetti, bread, fish, and apple, pears, milk, a burger, an ice cream, chips, peas, beans).

It was Mum's birthday. Mum, Dad, the son and his sister went to the restaurant to have dinner.
 Children liked going to the restaurant.
 'What do you want?' said the waiter.
 'I want a burger, chips and an egg, please,' said the son.
 'I want some meat with a lot of peas, please,' said the daughter.
 'I want fish and chips,' said Mum.
 'I want spaghetti, please,' said Dad.
 (Students talk in turns to say what they want).

'Do you want ice cream?' asked the waiter.

'Yes, I do,' said the son, 'chocolate ice cream, please.'

'No, I don't,' said the daughter. 'I want some fruit, please.'

'Coffee, please,' said Mum.

'Tea, please,' said Dad.

Finally the children went to the children's game area while Mum and Dad relaxed (make gestures like playing).

When they went home by car the brother and his sister were tired and they fell asleep in the car (make gestures like sleeping, children do the same).

It was a nice day.

VAMOS AL RESTAURANTE

Consejos didácticos: Los niños por turnos dirán lo que quieren tomar en el restaurante. En la lengua que conocen les exigiremos que sepan pedir de manera educada la comida.

Era el cumpleaños de mamá. Mamá, papá y los niños se fueron al restaurante a cenar.

A los niños les encantaba ir a cenar al restaurante.

—¿Qué quieren tomar? —preguntó el camarero.

—Yo tomaré una hamburguesa con patatas y huevo, por favor —dijo el niño.

—Yo quiero carne con muchos guisantes, por favor —dijo la niña.

—Yo quiero pescado con patatas, por favor —dijo mamá.

—Yo quiero espagueti, por favor —dijo papá.

(Los niños por turno piden educadamente lo que quieren para cenar).

—¿Quieren helado para postre? —preguntó el camarero.

—Sí, por favor —dijo el niño —yo quiero un helado de chocolate.

—No gracias —dijo la niña—, yo quiero algo de fruta, por favor.

—Café, por favor —dijo mamá.

—Té, por favor —dijo papá.

(Los niños piden el postre educadamente).

Al final los niños se fueron al área de juegos infantiles y jugaron un buen rato. Papá y mamá se relajaron mientras tanto.

Cuando volvían a casa en coche los niños se quedaron dormidos en el coche.

Había sido un bonito día.

ANEM AL RESTAURANT

Consells didàctics: Afegirem una representació teatral. Quan el professor diu la frase d'un personatge, el xiquet o xiqueta que té assignat aquest personatge repeteix la frase.

Era l'aniversari de mamà. Mamà, papà i els xiquets van anar a sopar al restaurant.
　Als xiquets els encantava anar a sopar al restaurant.
　—Què volen prendre? —va preguntar el cambrer.
　—Jo prendré una hamburguesa, patates i ou, per favor —va dir el xiquet.
　—Jo prendré carn amb molts pèsols, per favor —va dir la xiqueta.
　—Jo prendré peix amb patates, per favor —va dir la mamà.

—Jo prendré espaguetis, per favor —va dir el papà.
(Els xiquets i les xiquetes diuen per torns i de manera educada el que demanarien per sopar).
—Voleu gelat de postres? —preguntà el cambrer.
—Sí, per favor —va dir el xiquet—, un gelat de xocolata, per favor.
—No, gràcies —va dir la xiqueta—, jo vull fruita, per favor.
—Cafè, per favor —va dir la mamà.
—Té, per favor —va dir papà.
(Els xiquets i xiquetes diuen per torns i educadament el que volen de postres).
Al final els xiquets van anar a l'àrea de jocs infantils una bona estona. Els papàs es van relaxar.
Quan tornaven a casa en cotxe els xiquets es van adormir al cotxe.
Havia segut un dia preciós.

Infantil 5:

AN ADVENTURE AT THE SUPERMARKET

Didactic advice: We need card of food (bananas, oranges, apples, vegetables, milk, meat, and fish). We point to the cards during the story. Students repeat the new words.

Mum went shopping to the supermarket. Granny and Maria went with her.
 'Let's go to the toys section' said Maria very excited.
 'No toys here!'
 'Can I get into the trolley?'
 'Yes, all right,' said Mum.
 They went to the greengrocer's to get bananas, oranges, apples and vegetables.

Then they got milk, meat, and fish (the teacher points the cards on the board, students repeat the names of food).

The trolley was full of food and Maria had to got out.

Suddenly she found a small toy, a car toy from a sandwich bar, on the floor.

She became very happy. It was as a reward for her good behaviour (the teacher smiles, students smile too).

'Let's pay,' said Mum.

Then they saw a little boy crying in his mother's arms.

'What's the matter?' said his Mum.

'My small car is lost!'

Mum looked at Maria:

'Maria, my sweet, please!'

'OK, Mum,' said Maria.

Maria knew what Mum wanted.

'Here you are!' said Maria and she gave him the toy she had found before.

'Thank you,' answered the boy and he stopped crying.

'You are welcome,' said Maria.

Everyone was happy with Maria's good deed.

'I'm proud of you, my sweet,' said Mum.

'What about a dinner in this sandwich bar where you can have a sandwich with toy?,' said Granny.

'Hurray!' said Maria.

Maria had a toy car with her burger. Maria smiled.

It was a great adventure to remember.

UNA AVENTURA AL SUPERMERCADO

<u>Consejos didácticos:</u> Podemos usar dibujos y tarjetas. Cuando decimos los alimentos de cada sección, dejaremos que los niños y niñas añadan algunos más. Si un niño/a no quiere intervenir no hay que forzarle, aunque sí animarles a que participen todos aplaudiendo a los que participan.

Mamá fue a comprar al supermercado. La abuela y María fueron con ella.

—Vamos a los juguetes —dijo María muy il·lusionada.

—No venden juguetes aquí.

—¿Puedo subir dentro del carro de la compra?

—Sí, vale —dijo la mamá.

Fueron a las frutas y verduras. Cogieron plátanos, naranjas, manzanas y lechuga.

Luego cogieron leche, carne y pescado (Dejamos intervenir a los niños y niñas, cada uno /a dice el nombre de un producto que venden al supermercado).

El carro de la compra estaba lleno. María tuvo que salir.

De repente, ella encontró un juguetito (un cochecito de los que regalan en la bocatería) en el suelo.

Se sintió muy afortunada. Era como un premio para ella por haber sido buena.

—Vamos a pagar —dijo mamá.

Cuando esperaban en la cola para pagar en caja vieron a un niño pequeño llorando en brazos de su madre.

—¿Qué te pasa? —le preguntaba la mamá del niño.

— He perdido mi cochecito de la bocatería —decía el niño sin parar de llorar.

La mamá de María la miró:

—María, cariño, ¡por favor!

—¡Vale, mamá! —respondió María, ella sabía lo que su mamá quería decir.

—Aquí tienes —le dijo y le dio el juguete que había encontrado.

—Gracias —le contestó el niño pequeño y dejó de llorar al instante.

—De nada —dijo la niña.

—Todos sonrieron. La mamá estaba muy orgullosa de la niña porque se había portado bien.

—¿Qué tal si vamos a cenar a esa bocatería donde regalan estos juguetitos a los niños? —dijo la abuela.

—¡Bien, bien, muy bien!

Cenaron y a María le dieron un cochecito. Se puso muy contenta.

Había vivido una gran aventura que María nunca olvidaría.

UNA AVENTURA AL SUPERMERCAT

Consells didàctics: Afegirem una representació teatral. Quan el professor diu la frase d'un personatge, el xiquet o xiqueta que té assignat aquest personatge repeteix la frase.

La mare va anar a comprar al supermercat. La iaia i Maria van anar amb ella.

—Anem als joguets —va dir Maria molt emocionada

—No hi ha joguets ací.

—Puc pujar dins del carro de la compra?

—Sí, val —va dir la mare.

Van anar a les fruites i verdures. Van agarrar plàtans, taronges, pomes i enciam. Després, llet, carn i peix (els xiquets I xiquetes diuen noms de productes que es venen al supermercat).

El carro de la compra estava fins a dalt i Maria va haver d'eixir.

De sobte, es va trobar un joguet (un cotxet dels que regalaven a la sandvitxeria) al sòl.

Es va sentir molt afortunada. Era com un premi per a ella per haver-se portat bé.

—Anem a pagar —va dir la mare.

Quan feien cua per pagar a caixa, van veure a un xiquet xicotet que plorava en braços de sa mare.

—Què et passa? —li preguntà la mare del xiquet.

—S'ha perdut el cotxet de la sandvitxeria! —deia el xiquet sense parar de plorar.

La mare va mirar Maria:

—Maria, per favor!

—Val, mamà —va dir Maria.

Ella ja sabia el que la mare volia dir.

—Aquí tens —li va dir al xiquet quan li va donar el joguet.

—Gràcies —va contestar el xiquet que va deixar de plorar en sec.

—De res —va dir la xiqueta.

Tots van somriure. La mare estava molt orgullosa de la xiqueta perquè s'havia portat bé.

—Què tal si anem a sopar a aqueixa sandvitxeria que als xiquets donen un joguet amb l'entrepà? —va proposar la iaia.

—A què esperem?

Amb el sopar a Maria li van regalar un cotxe de joguet.

Aqueix dia Maria havia viscut una aventura que mai oblidaria.

7. La primavera y las plantas / La primavera i les plantes / Easter.

Infantil 4:
HENS SHARE EASTER EGGS

Didactic advice: You can point to the pictures during the tale. Then you can give your students some Easter egg pictures to paint.

Once upon a time there was a very happy hen (smile). She was healthy, she ate well and she had got lots of friends.

Each day she chose people to play. Other hens laid one egg every day, she laid two eggs.

There was another hen. She was sad and unhealthy (sad face). She ate badly and she hadn't got friends.

Each day she hadn't got people to play. She tried to lay an egg but she couldn't.

One day the happy hen (smile) wanted to play with the sad one (sad face). She was curious about that sad hen that never played with anybody.

'Do you want to come and play?'

'I can't.'

'Why?'

'It's Easter Day. Everybody has got an egg to paint but I haven't any egg.'

'Here you are,' said the lucky hen, 'one egg for you. Now let's go and paint Easter eggs.'

The hens painted and painted Easter eggs in the afternoon. Easter rabbits helped them.

The sad hen (sad face) became very happy to have new friends and the happy hen (smile) was proud of her new friend.

Both of them were very happy (teacher and students smile).

"Are you happy?" "Then, paint Easter eggs! Here you are."

LAS GALLINAS COMPARTEN LOS HUEVOS DE PASCUA

Consejos didácticos: Contamos el cuento añadiendo todos los detalles que podamos, mirando los dibujos. Preguntamos a los niños: "¿Qué creéis que pasó después?", para que predigan el final. Después se pueden pintar huevos hervidos con pinturas.

Había una vez una gallina muy feliz. Disfrutaba de buena salud, comía bien y tenía muchos amigos.

Cada día podía elegir con qué gente jugar. Habitualmente las gallinas ponían un huevo cada día, ella ponía dos.

Había también otra gallina pero ésta estaba muy triste. No tenía buena salud, comía mal y no tenía amigos.

No tenía nadie con quien jugar cada día. Trataba de poner un huevo pero no podía.

Un día la gallina feliz se empeñó en jugar con la otra. Sentía curiosidad por aquella gallinita triste que nunca jugaba con nadie.

"¿Qué creéis que pasó?" (Dejamos que intervengan los niños, si surge un final bonito lo podemos adoptar, si no continuamos con el nuestro).

—¿Vienes a jugar?
—No puedo.
—¿Por qué?
—Es el día de Pascua. Todo el mundo tiene un huevo para pintar y yo no tengo ninguno.
—Toma —le dijo la gallina feliz—, ahí tienes uno. Y, ahora, ¡vamos a pintar huevos de Pascua!

Las dos gallinas pintaron muchos huevos de Pascua aquella tarde. Los conejos las ayudaron.

La gallina que antes estaba triste fue muy feliz de tener amigos y, la gallina feliz se enorgulleció de haber ayudado a alguien que lo necesitaba.

Ellas, fueron las dos muy felices.

"Vamos a ser felices como ellas y pintemos huevos de Pascua".

LES GALLINES COMPARTIXEN ELS OUS DE PASQUA.

Consells didàctics: Pintarem els ous amb tècniques diferents. Afegirem una representació teatral. Quan el professor diu la frase d'un personatge, el xiquet o xiqueta que té assignat aquest personatge repeteix la frase.

Hi havia una vegada una gallina molt feliç. Gaudia de bona salut, menjava bé i tenia molts amics i moltes amigues.

Cada dia podia permetre's triar en qui volia jugar. Normalment, les gallines ponen un ou cada dia, ella en ponia dos.

Hi havia també una altra gallina però estava molt trista. No tenia bona salut, menjava malament i no tenia amics ni amigues.

No tenia ningú per jugar. Estava trista. Tractava de pondre un ou però no podia.

Un dia la gallina feliç es va entossudir en jugar amb l'altra. Sentia curiositat per aquella gallina trista que mai jugava amb ningú.

"Què creus que passa després?" (intervenció del alumnes per trobar un final, si tenen una idea original es pot introduir al conte).

—Vens a jugar?
—No puc.
—Per què?
—És el dia de Pasqua. Tot el món té un ou per pintar i jo no en tinc cap!
—Pren —va dir la gallina feliç—, ací en tens un. I, ara, anem a pintar ous de Pasqua!

Les dues gallines van pintar molts ous de Pasqua aquella vesprada. Els conills els van ajudar.

La gallina que abans estava trista va ser feliç de tenir molts amics i amigues. I, la gallina feliç se'n va enorgullir d'haver ajudat a qui ho necessitava.

Les dues gallines estaven molt contentes pintant ous de Pasqua.

"Anem a posar-nos contents i contentes. Pintem ous de Pasqua".

Infantil 5:

THE RABBITS ARE PLAYING WITH EASTER EGGS

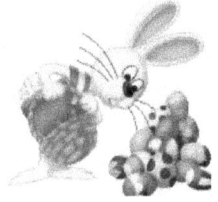 

Didactic advice: We need cards of the members of the family: Mum, Dad, brother, sister, Granny, Granddad. We should make a lot of gestures, students repeat these gestures. After the tale we can do a game: "Hiding the Easter Eggs".

It was Easter Day. Children were playing in the garden. Mum and Dad were watching them.

The brother, his sister and their friends were looking for Easter eggs.

There were ten Easter eggs hidden in the garden.

'How many Easter eggs have you found?' asked Mum.

'I've found one egg?' said the sister.

'Three eggs,' said the brother.

'I didn't find any egg,' said one friend.

'Nor did I,' said another friend, 'there are no eggs in the garden.'

'If there are no eggs in the garden, where are the Easter Eggs?' asked Mum.

'I don't know' said Dad.

'Don't ask me!' said Granny.

'I was in the kitchen' said Granddad.

All the family was looking for the Easter eggs in the garden.

"Can they find any egg?" "No, no, no."

Nobody found eggs, but the brother found something very interesting:

'Dad, Mum, here is a rabbit den.'

'Let's see!'

All the family could look into the den. There was a family of rabbits playing with the Easter eggs.

'Oh dear!' said the brother.

'They are nice. I like them,' said the sister.

'Let's go to have lunch,' said Mum. 'Allow the rabbits to play with the Easter eggs! Happy Easter!'

'Happy Easter!' repeated all the family.

Then all the family got into the house and rabbits played happily with the eggs.

"Happy Easter, rabbits!"

LOS CONEJITOS JUEGAN CON LOS HUEVOS DE PASCUA

Consejos didácticos: Podemos hablarles de la tradición inglesa del juego a encontrar el huevo para Pascua. Podemos usar dibujos. Podemos dejar que los niños y niñas inventen lo que la familia ve dentro de la madriguera.

Era el día de Pascua. Los niños jugaban al jardín. Mamá y papá los miraban.

El niño se había traído a sus amigos, la niña también.

Buscaban huevos de Pascua. Había escondidos diez huevos en todo el jardín.

—¿Cuántos huevos habéis encontrado? —preguntó mamá.

—Yo he encontrado un huevo —dijo la hermana.

—Tres huevos —dijo el hermano.

—Yo no he encontrado ninguno —dijo un amigo.

—Ni yo tampoco —dijo otro amigo—. No hay más huevos en el jardín.

—Si no están al jardín, ¿dónde están los huevos de Pascua? —preguntó la mamá.

—No lo sé —dijo papá.
—¡A mí no me preguntes! —dijo la abuela.
—Yo estaba en la cocina —dijo el abuelo.

Toda la familia se puso a buscar huevos de Pascua por el jardín pero no encontraron ninguno. Sin embargo, el hermano encontró algo muy interesante:

— ¡Papá, mamá! ¡Aquí hay una madriguera de conejo!

— ¡Vamos a ver!

"¿Qué creéis que vieron dentro de la madriguera?" (Los niños intervienen para buscar un final al cuento).

Todos miraron cuidadosamente dentro de la madriguera:

Dentro había una familia de conejos jugando con sus huevos de Pascua.

—¡Madre mía! —dijo el hermano.

—Son preciosos, me encantan —dijo la hermana.

—Vamos a comer —sugirió la mamá—. ¡Dejemos que los conejitos jueguen todo los que quieran!

—¡Felices Pascuas!

Luego toda la familia se metió en casa y los conejitos jugaron felizmente con sus huevos de Pascua.

"¡Felices Pascuas, conejitos!"

ELS CONILLETS JUGUEN AMB ELS OUS DE PASQUA

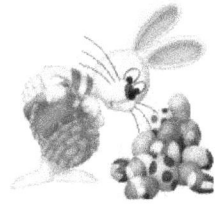 

Consells didàctics: Afegirem una representació teatral. Quan el professor diu la frase d'un personatge, el xiquet o xiqueta que té assignat aquest personatge repeteix la frase.

Era el dia de Pasqua. Els xiquets jugaven al jardí. La mare i el pare els miraven.

El germà es va portar els seus amics, la germana també.

Tots i totes buscaven ous de Pasqua. Hi havia deu ous de Pasqua amagats pel jardí.

—Quants ous heu trobat? —va preguntar la mare.

—Jo he trobat un ou —va dir la germana.

—Tres ous —va dir el germà.

—Jo no n'he trobat cap —va dir un amic.

—Jo tampoc —va dir un altre amic—. No queden més ous al jardí.

—Si no estan al jardí, on estan els ous de Pasqua? —va preguntar la mare.

—No ho sé —va dir el pare.

—A mi no em preguntes —va dir la iaia.

—Jo estava a la cuina —va dir el iaio.

Tota la família es va posar a buscar ous de Pasqua pel jardí encara que no en van trobar cap, no obstant, el germà va trobar alguna cosa molt interessant:

—Papà, mamà! Ací hi ha un amagatall de conill!

—Anem a veure!

"Sabeu què van veure?" (els / les alumnes endevinen com pot seguir el conte).

Tots van mirar cuidadosament dins de l'amagatall.

Dins hi havia una família de conills jugant amb els ous de Pasqua.

—Mare meva! —va dir el germà.

—Són molt bonics! M'encanten! —va dir la germana.

—Anem-nos a dinar —va dir la mare—, deixem els conillets que juguen tot el que vulguin!

—Bones Pasqües!

La família va entrar a casa i els conillets es van quedar jugant feliçment amb els ous de Pasqua.

"Bones Pasqües, conillets!"

8. Los animales / Els animals / Animals.

Infantil 4:

A VERY NAUGHTY SNAKE

Didactic advice: We need cards of a dimetrodon, a mosasaurius, a tyrannosaurius rex, a snake and a fish. The teacher points to the pictures and makes gestures. Students make the same gestures too.

Once upon a time there was a very nice and generous dimetrodon. Each morning he lay in the sun, and he talked to his neighbours, he went to the water, and he fished something for breakfast.

That morning there was a snake watching him. The snake went to the water. She smiled.

'I'm hungry. Would you like fishing something for me, please?' (Make gestures of being hungry, and look as if you are asking for something).

'OK. Here you are,' said Dimetro and he gave her a fish.

Snake ate it "yum!, yum!, yum!", but she was very hungry. (Make gestures).

'Please, another one' (look as if you ask for something).

'But, that's all.'

Dimetro gave her a fish. Snake ate it "yum!, yum!, yum!," but snake was hungry. (make gestures).

'Please!'

'No, no, no. You can fish your own food.'

Snake went on looking at the water again. A mosasaurus was eating a big fish (make gestures of big) "yum, yum, yum!"

Snake was hungry. She smiled at him:

'I'm hungry. Mosa, please.'

'Just one, and you'll go away.'

'OK,' said Snake.

Mosa gave her a small fish (make gestures of small) but Snake was very hungry. (Make gesture of hunger).

'Another one, please.'

'No, no, no. You can fish your own food.'

Snake went on looking at the water.

A giant tyrannosaurus was eating a big whale with his enormous teeth.

Snake smiled. Tyranno smiled too. He looked at her, and he opened his big mouth and he said:

'Go away, work and have your own food.'

The snake went away quickly.
'OK, OK. I'm going to work.'
'Good idea!'

UNA SERPIENTE MUY PILLINA

<u>Consejos didácticos:</u> A partir de historias como ésta, creadas con la colaboración de los alumnos y alumnas se pueden hacer actividades como un teatro y luego representarlo para otros grupos.

Seguro que les pica el gusanillo de la creatividad y quieren ellos / ellas crear su propia historia también. Usaremos también dibujos para contar la historia.

Había una vez un *dimetrodon* muy simpático y generoso. Cada mañana, se tumbaba al sol y hablaba con sus vecinos, iba al agua y pescaba un pez para desayunar.

Aquella mañana había una serpiente mirándolo.

"¿Qué querría?" (Intervención de los niños).

Serpiente entró en el agua y sonrió a Dimetro:

—Tengo hambre, ¿me pescarías un pez, por favor?

—Vale, aquí tienes.

Dimetro le dio un pez pero la serpiente tenía más hambre.

—Por favor, otro.

—No, no, no. Tú puedes pescarte tu propia comida, guapa.

La serpiente volvió a buscar por el agua de nuevo. Había un mosasaurio comiéndose un pez gigante.

La serpiente estaba hambrienta, le sonrió a Mosa:

—Estoy hambrienta.

—Sólo uno y te vas.

—Vale.

Mosa le dio un pez pequeño. Ella seguía muy hambrienta.

—Otro, por favor.

—No, no y no. Vas y te los pescas tú, guapa.

La serpiente volvió a buscar por el agua. Vio un tyrannosaurio gigante que se estaba comiendo una gran ballena con sus enormes dientes.

"¿Se atrevería a pedirle comida a Tyranno?" "¿Se la daría?"(Intervención de los niños).

La serpiente le sonrió. Tyranno sonrió también, la miró, abrió su enorme boca y dijo:

—Lárgate. Ponte a trabajar y consigue tu propia comida.

La serpiente se fue rápidamente.

—Está bien. Voy a trabajar.

—¡Buena idea!

UNA SERP MOLT PENA

Consells didàctics: Usarem dibuixos per contar la història. Si ja hem contat aquest conte en una altra llengua, podem escenificar-lo mentre el contem. Xiquets i xiquetes voluntaris i voluntàries faran de Serp, Dimetro, Mosa, Tyranno, peix, balena, i també els gestos que pertoca mentre contem el conte i repetiran la seva frase de la història després d'haver-la dit el mestre.

Hi havia una vegada un dimetrodon molt simpàtic i generós. Cada matí es gitava al sol i parlava amb els seus veïns, anava a l'aigua i pescava un peix per desdejunar.
   Aquell matí hi havia una serp observant-lo.
La serp va entrar a l'aigua i li va somriure.
   —Tinc fam, no em pescaries un peix, per favor?
   —Val, ací tens.
   Dimetro li va donar un peix però ella seguia tenint fam.
   —Per favor, un altre.
   —Val! Però, aquest i prou.

Dimetro li va donar un altre peix però ella seguia tenint fam.

—Per favor!

—No, no, no. Tu pots pescar-te el teu menjar, bonica.

La serp va tornar a buscar per l'aigua de nou. Hi havia un mosasauri menjant-se un peix gegant.

La serp estava famolenca. Li va somriure.

—Estic estrangulada de fam.

—Només un i te'n vas.

—Val.

Mosa li va donar un peix xicotet. Ella seguia molt famolenca.

—Un altre, per favor.

—No, no, no. Vas i te'l pesques tu, bonica!

La serp va tornar a buscar pel l'aigua. Un tiranosaure gegant s'estava menjant una gran balena amb les seves enormes dents.

La serp li va somriure. Tyranno va somriure també, la va mirar, va obrir la seva enorme boca i va dir:

—Ves-te'n, treballa i aconsegueix el teu menjar.

La serp se'n va anar ràpidament.

—Val. Treballaré.

—Bona idea!

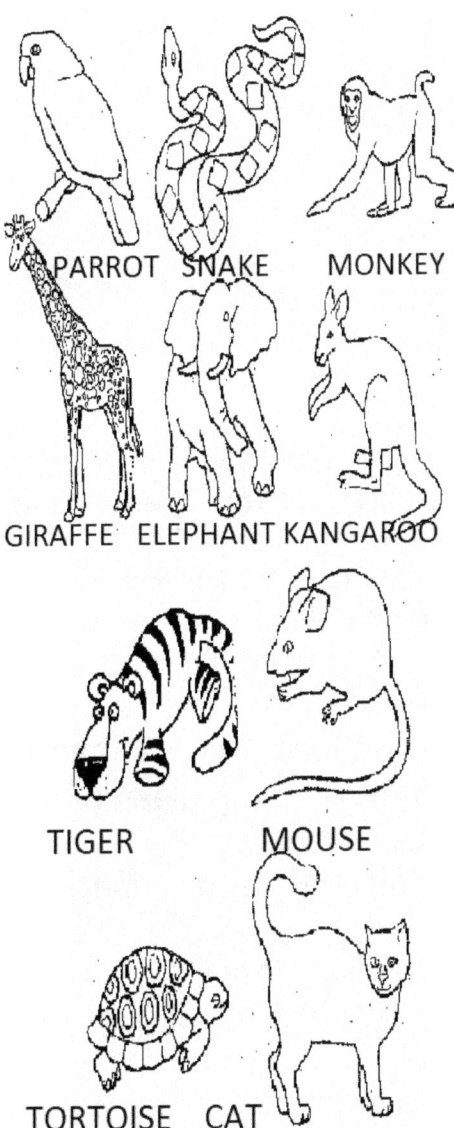

Infantil 5:

A VERY NAUGHTY CAT

Didactic advice: We need cards of animals: cat, dog, mouse, tiger, parrot, snake, monkey, turtle, giraffe, elephant, and Kangaroo. Each time you tell the story you can change the animals. For example, the fist time, a dog and a mouse; the second time, a tiger and a parrot. During the story you point to the cards and make gestures.

It was breakfast time. The cat had been good. Mum had given him a big glass of milk because of his good behaviour.

He was drinking his milk happily when he heard a mouse.

'Can I have milk, please?'

'No, you can't. It's mine! You must work to have it!

'OK,' said the mouse and he went away.

An enormous dog arrived. The dog wanted the milk. The cat couldn't say "no".

'Give me some milk or I'll bite you!'

"What a problem!"

The cat had got an idea. He called the mouse:

'Mouse! Mouse! Come! You can drink my milk!'

When the dog saw the mouse drinking milk, he got angry (make gestures).

The mouse escaped. The dog chased and chased the mouse. He wanted the milk. The dog chased the mouse.

Meanwhile the cat drank his milk happily. "He was very naughty".

UN GATO MUY PÍCARO

Consejos didácticos: Usamos tarjetas de animales. Si cada vez que contamos el cuento cambiamos de animales. Podremos introducir un montón de animales.

También funciona contar el cuento varias veces seguidas y que los niños intervengan cambiando de animales cada vez.

Era la hora del desayuno. El gato había sido bueno. Entonces se estaba bebiendo el vaso de leche que mamá le había dado por su buen comportamiento.

Estaba bebiendo plácidamente cuando escuchó llegar al ratón.

—¿Me das un poco de leche, por favor?

—No, ¡es mía! ¡Debes trabajar para ganártela!

—Vale —dijo el ratón y se fue.

—Llegó un enorme perro. También quería leche. A este no podía decirle que "no".

—¡Me das leche o te muerdo!

"¡Menudo problema se había presentado!"

El gato tuvo una idea. Llamó al ratón:

—¡Ratón, ratón! ¡Ven! ¡Puedes tomarte la leche!

El ratón acudió corriendo y comenzó a beber leche. El perro se enfadó muchísimo. También quería la leche.

El ratón escapó. El perro lo perseguía.

Mientras tanto el gato se bebió felizmente la leche.

"¡Resultó ser un gato muy pícaro!"

UN GAT MOLT PILLET

Consells didàctics: Usarem dibuixos d'animals. Demanarem als / les alumnes que endevinen què passa després i que busquen un altre final. Afegirem una representació teatral. Quan el professor diu la frase d'un personatge, el xiquet o xiqueta que té assignat aquest personatge repeteix la frase.

Era l'hora de desdejunar. El gatet havia sigut bo. Aleshores s'estava bevent tranquil·lament un deliciós got de llet que mamà li havia donat com a premi pel seu bon comportament.
 Va sentir arribar un ratolí.
 —Em dones un poc de llet, per favor?
 —No, ¡és meva! Has de treballar per guanyar-te-la!
 —Val —va contestar el ratolí.
 Se'n va anar. Va arribar un gos enorme:
 —Dóna'm la llet o et mossegaré!
 A aquest no podia dir-li que "no". "Quin problema se li havia presentat!".
 El gat va tenir una idea. Va cridar al ratolí:
 —Ratolí! Ratolí! Pots venir a beure't la llet!

El ratolí va acudir corrents i va començar a beure's la llet.

Quan el gos va veure al ratolí bevent-se la llet, es va enfadar molt. També volia la llet.

El ratolí es va escapar. El gos va començar a perseguir-lo. Vinga córrer!

Mentrestant el gat es va beure la llet tranquil·lament.

"Va resultar ser un gat molt pillet!"

9. El verano y los medios de transporte / L'estiu i els mitjans de transport / Holiday.

Infantil 4:

I WANT AN ICE CREAM

Didactic advice: We need food cards: banana ice cream, strawberry ice cream, and pineapple ice cream; and family cards: Mum, Dad, sister, Granny, and Grandad. You point to the cards and make lots of gestures to tell the story.

In summer children like ice creams: strawberry ice creams, banana ice creams, chocolate ice creams, and pineapple ice creams.
'What ice cream do you prefer?' asked Mum.
(The teacher asks. Students answer by turns while they look the flashcards).
'I want a chocolate ice cream,' said the small boy one day.
Another day:
'I want a chocolate ice cream!'
Another day:
'A chocolate ice cream, please!'

The same happened all the summer.

But a cold day in September the small boy wanted an ice cream. He went to Mum:

'Can I have a chocolate ice cream? Mum, please!'

'No, you can't.'

He went to Dad:

'An ice cream, please, Dad!'

'No, it's too cold.'

He went to Grandad:

'Ice cream, please.'

'No, no, no!'

He went to Granny:

'An ice cream, please, please!'

'OK, but...'

The next day the small boy was sick. He couldn't eat anything because he had got a bad sore throat and a terrible headache.

Two days later he was healthy, but he didn't ask for ice creams.

"You mustn't eat ice creams when it's cold. OK?"

¡YO QUIERO UN HELADO!

Consejos didácticos: Usaremos dibujos para contar la historia. Preguntaremos a los niños de qué les gustarían los helados y qué les gustaría que pasara después.

En verano a los niños les encantan los helados de fresa, plátano, chocolate o piña.
—¿Cuál prefieres tú? —preguntó mamá.
(Intervención de los niños por turnos. Cada niño dice qué helado le gusta. Procuramos no usar marcas pero sí se pueden decir sabores).
—Yo quiero uno de chocolate —dijo el pequeño.
Otro día:
—¡Quiero un helado de chocolate!
Y otro:
—¡Un helado de chocolate!
Así todo el verano.
Pero un día frío de septiembre el niño quería un helado. Se lo pidió a su madre:
—¿Puedo tomar un helado, mamá, por favor?
—No, no puedes.
Fue a su padre:
—¡Un helado de chocolate por favor, papà!
—¡No, hace demasiado frío!
Fue a su abuelo:
—¡Helado, por favor!
—¡No, no, no!

Fue a su abuela:

—¡Un helado, por favor, por favor!

(Los niños y niñas opinan sobre cómo acaba la historia).

—¡Vale!, pero...

Al día siguiente el pequeño estaba resfriado y no podía comer nada porque le dolía mucho la garganta. Tenía un fuerte dolor de cabeza.

Dos días después ya estaba bien.

"No se han de comer helados cuando hace frío. ¿Vale?".

VULL UN GELAT!

Consells didàctics: Usarem dibuixos i targetes de gelats (xocolata, maduixa, plàtan, pinya...) i dels membres de la família (pare, mare, iaia, iaio...). Podem interpretar el conte amb un teatre. Cada personatge repeteix la seva frase després que la diga el professor /a.

A l'estiu als xiquets i xiquetes els encanten els gelats de maduixa, de plàtan, de xocolata o de pinya.

—Quin és el teu favorit? —va preguntar la mare.

(Els xiquets i les xiquetes diuen quin gelat els agrada per torns. Procurarem que no utilitzen marques però sí que es poden utilitzar sabors per entendre'ns).

—Vull un de xocolata —va dir el xiquet.

Un altre dia:

—Vull un gelat de xocolata!

I un altre:

—Un gelat de xocolata!

Així tot l'estiu.

Però un dia fred de setembre el xiquet volia un gelat. Li'l va demanar a sa mare:

—Puc fer-me un gelat, mare, per favor!

—No, no pots!

Va anar a son pare:

—Un gelat de xocolata, per favor, pare!

—No, fa massa fred!

Va anar al seu iaio:

—Gelat de xocolata, per favor!

—No, no, no!

Va anar a la seva iaia:

—Un gelat, per favor, per favor!

—Val. Però...

Al dia següent el xiquet estava malalt i no podia menjar res perquè li feia molt de mal la gola. Tenia un fort mal de cap.

Dos dies després ja estava bé.

"No hem de menjar gelats quan fa fred, val?"

SHARK　　　WHALE

FISH　　　SEAHORSE

STARFISH　　CRAB

Infantil 5

SHARKS BY THE SEA!

Didactic advice: We use cards of shark, whale, starfish; and vocabulary related to the sea. We point the cards and make gestures.

Each morning Mum took her dog for a walk to the seaside.
That day the smallest brother went with her. They saw something black in the waves.
'What's that?' asked the smallest brother. 'Is it a shark?'
'No, it isn't,' answered Mum. 'There are not sharks there.'
'Is it a whale?'
'No, it isn't. It's too small to be a whale.'
'Is it a starfish?' (You can add sea animals).
'No, it isn't. It isn't orange.'

(When you finish up introducing your vocabulary, your story concludes).

They hid behind a rock to watch. The dog barked, "bow-bow!"

'What's that?"

(Students invent the end of the tale. They say different possible objects).

They touched it with a long stick. It was a message in a botle. They opened it. It said:
"Happy holiday."
"What a surprise!"

¡TIBURONES EN LA PLAYA!

<u>Consejos didácticos:</u> La playa es una fuente inagotable de imaginación y fantasía para los niños. En ella pueden aparecer todo tipo de criaturas marinas... hasta tiburones. Cuando se acerca el verano, disminuyen las ganas de trabajar.

Con cuentos como éste no sólo se trabaja la lecto-escritura sino que también se estimula la creatividad.

Los niños participan en el cuento o inventan su propia historia sobre la playa.

Cada mañana, la mamá llevaba a su perro a dar un paseo.
 Ese día le acompañaba su hijo. Vieron algo negro entre las olas.
 —¿Qué es esto? —preguntó el niño—. ¿Es un tiburón?
 —No, no lo es —contestó mamá—. ¡No hay tiburones aquí!
 —¿Es una ballena?
 —No, no los es. Es demasiado pequeño para ser una ballena.
 —¿Es una estrella de mar?
 —No, no lo es. ¡No es naranja!
 (Se pueden seguir diciendo animales. Cada niño o niña dice lo que piensa que es).
 Se escondieron detrás de una roca para observar. El perro ladró, "guau, guau".
 "¿Qué era eso?"
 (Los niños dicen todo tipo de animales por turno, el profesor elige el más original).
 Lo tocaron con un palo largo. Era un mensaje en una botella. Lo abrieron y decía: "Felices vacaciones".
 "¡Vaya sorpresa se llevaron!"

"Telling a Tale / Contemos un cuento / Contem un conte"

TAURONS A LA PLATJA!

Consells didàctics: A partir de contes com aquest podem fer que els / les alumnes poden crear un conte paral·lel o fer un teatre. Afegirem una representació teatral. Quan el professor diu la frase d'un personatge, el xiquet o xiqueta que té assignat aquest personatge repeteix la frase.

Cada matí la mare portava el seu gos a donar un passeig.
   Aqueix dia l'acompanyava el seu fill menut. Van veure una cosa negra entre les ones:
   —Què és això? —va preguntar el xiquet—, és un tauró?
   —No, no ho és —contestà la mamà—. No hi ha taurons ací.
   —És una balena?

—No, no ho és. És massa menut per ser una balena.

—És una estrella de mar?

—No, no ho és. No és taronja.

Es van amagar darrere d'una roca per observar. El gos va lladrar, "guau, guau".

"Què era això?"

(Intervenció dels xiquets i xiquetes per donar idees originals sobre què és).

Ho van tocar amb un pal llarg. Era un missatge en una botella que flotava. El van obrir i deia:

"Bones vacances".

"Això sí que no ens ho esperàvem!".

www.ingramcontent.com/pod-product-compliance
Lightning Source LLC
Chambersburg PA
CBHW071310060426
42444CB00034B/1755